TO102085

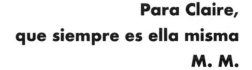

Para Remi
D. A.

Para Claire,
que siempre es ella misma
M. M.

Para papá
R. R.

El papel utilizado para la impresión de este libro ha sido fabricado a partir de madera procedente de bosques y plantaciones gestionadas con los más altos estándares ambientales, garantizando una explotación de los recursos sostenible con el medio ambiente y beneficiosa para las persona

Penguin
Random House
Grupo Editorial

Igualdad con Simone de Beauvoir

Título original inglés: *Equality with Simone de Beauvoir*

Primera edición en España: marzo de 2021
Primera edición en México: enero de 2022

D. R. © Duane Armitage y Maureen McQuerry, 2020
Publicado por acuerdo con G.P. Putnam's Sons,
un sello de Penguin Young Readers Group,
una división de Penguin Random House LLC.
Todos los derechos reservados.

D. R. © 2021, de esta edición:
Penguin Random House Grupo Editorial, S. A. U.
Travessera de Gràcia, 47-49, 08021, Barcelona

D. R. © 2022, derechos de edición mundiales en lengua castellana:
Penguin Random House Grupo Editorial, S. A. de C. V.
Blvd. Miguel de Cervantes Saavedra núm. 301, 1er piso,
colonia Granada, alcaldía Miguel Hidalgo, C. P. 11520,
Ciudad de México

penguinlibros.com

D. R. © 2021, Mireia Rué Górriz, de la traducción
D. R. © 2020, Robin Rosenthal, de la traducción
Maquetación: Lookatcia.com

Penguin Random House Grupo Editorial apoya la protección del *copyright*.
El *copyright* estimula la creatividad, defiende la diversidad en el ámbito de las ideas y el conocimiento, promueve la libre expresión y favorece una cultura viva. Gracias por comprar una edición autorizada de este libro y por respetar las leyes del Derecho de Autor y *copyright*. Al hacerlo está respaldando a los autores y permitiendo que PRHGE continúe publicando libros para todos los lectores.

Queda prohibido bajo las sanciones establecidas por las leyes escanear, reproducir total o parcialmente esta obra por cualquier medio o procedimiento así como la distribución de ejemplares mediante alquiler o préstamo público sin previa autorización.
Si necesita fotocopiar o escanear algún fragmento de esta obra diríjase a CemPro
(Centro Mexicano de Protección y Fomento de los Derechos de Autor, https://cempro.com.mx).

ISBN: 978-607-381-071-5

Impreso en México – *Printed in Mexico*

GRANDES IDEAS PARA PEQUEÑOS FILÓSOFOS

Duane Armitage

Maureen McQuerry

IGUALDAD
CON SIMONE DE BEAUVOIR

Ilustraciones de Robin Rosenthal

Traducción de Mireia Rué

RBA

UN FILÓSOFO ES UNA PERSONA QUE AMA LA SABIDURÍA. SABIDURÍA SIGNIFICA SABER COSAS QUE TE AYUDAN A VIVIR MEJOR Y SER FELIZ.

Simone de Beauvoir era
una filósofa que vivió en Francia.
Creía que todas las personas
son iguales.

No le gustaba la idea
de que las niñas tuvieran que hacer
cosas distintas a los niños.

**Si niñas y niños pudieran
hacer lo que quisieran
y recibieran el mismo trato,
serían más felices.**

Tanto las niñas como los niños
lloran cuando están tristes.

Todo el mundo sonríe cuando está contento.

¿QUÉ TE HACE

¡Camiones, muñecas y dinosaurios
son juguetes para niños y niñas por igual!

¿Con qué te gusta jugar?

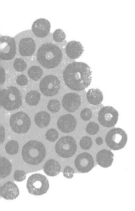

Simone creía que
deberíamos ser nosotros mismos
y escuchar lo que sentimos
en nuestro interior.

**No tenemos por qué ser
lo que esperan los demás.**

Basta con que seamos
nosotros mismos.

Simone pensaba que deberíamos preocuparnos por las personas que sufren rechazo.

Deberíamos ser amables y cariñosos
con todo el mundo,
incluso con quien es distinto
a nosotros.

Simone creía que niñas y niños
tienen el mismo derecho
a buscar la felicidad
haciendo lo que deseen.

Si aceptas a las personas tal como son
y las tratas a todas por igual,
tendrás la sabiduría de Simone.

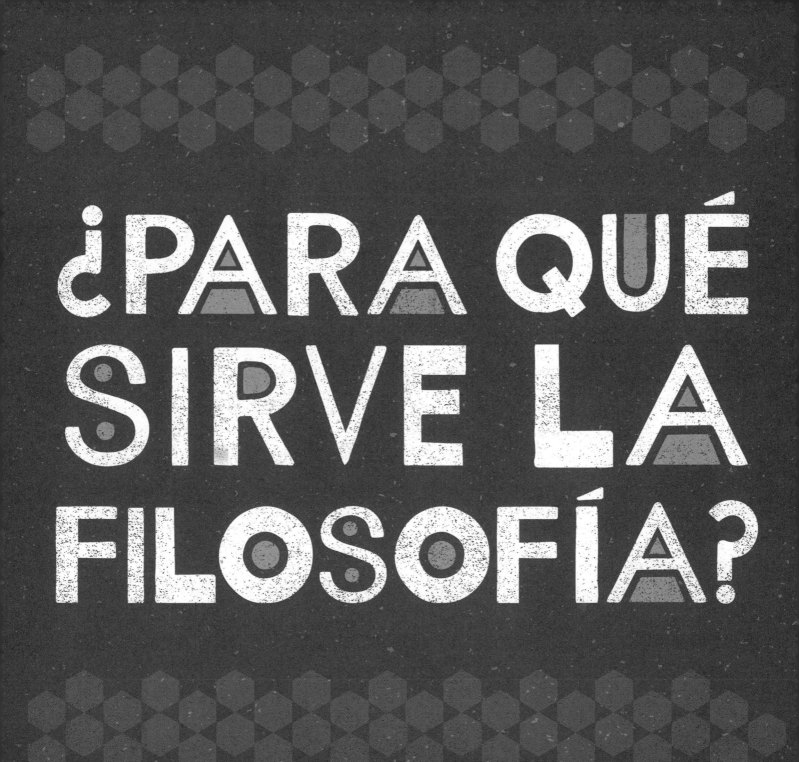

**La filosofía es una ciencia que
nos enseña a pensar,
a hacernos preguntas...
¡y a resolverlas!**

Simone de Beauvoir (1908-1986) nació en París, Francia. Además de ser filósofa, fue profesora de instituto, escritora y periodista.

Igualdad con Simone de Beauvoir de Duane Armitage y Maureen McQuerry
se terminó de imprimir en enero de 2022
en los talleres de
Impresora Tauro, S.A. de C.V.
Av. Año de Juárez 343, col. Granjas San Antonio,
Ciudad de México